Este libro le pertenece a:

.....................................................................................

Copyright © BPA Publishing Ltd 2020

Autora: Pip Reid

Ilustrador: Thomas Barnett

Director creativo: Curtis Reid

**www.biblepathwayadventures.com**

Gracias por apoyar a Bible Pathway Adventures®. Nuestra serie de aventuras ayuda a los padres a enseñarles a sus hijos sobre la Biblia de una forma divertida y creativa. Diseñada para toda la familia, la misión de Bible Pathway Adventures es reintroducir el discipulado en los hogares de todo el mundo. ¡La búsqueda de la verdad es más divertida que la tradición!

Los derechos morales de la autora y el ilustrador han sido declarados. Este libro está protegido por copyright.

ISBN: 978-1-989961-19-3

# Sansón, el guerrero poderoso

Las aventuras de Sansón

*"No pasará navaja sobre su cabeza, porque el niño será nazareo para Dios desde el seno materno; para que sea él quien comience a liberar a los israelitas del poder de los filisteos". (Jueces, 13:5)*

Cuando los israelitas empezaron a desobedecer a Yahweh, el Dios de Abraham, Isaac y Jacob, a Él no le complació. ¿Por qué no seguían Sus indicaciones, en lugar de rendir culto a deidades falsas? Así que decidió castigar a los israelitas: les envió a los temibles filisteos para que los oprimieran.

Los israelitas detestaban a los filisteos. Eran malvados y crueles, muy aficionados a las peleas. A menudo atacaban las aldeas israelitas y robaban las posesiones de sus habitantes, haciéndoles sentirse muy desdichados.

Pero el Padre seguía amando al pueblo de Israel, y tenía un plan para su salvación. Ese plan giraba alrededor de un niño llamado Sansón, que crecería para convertirse en un poderoso guerrero que ayudaría a liberar a los israelitas de los filisteos.

¿Sabías que?

Muchas personas creen que hay formas diferentes de pronunciar el nombre de Dios. Estas incluyen, por ejemplo, Yah, Yahweh y Yahuah.

Un día, una mujer israelita estaba trabajando en el campo cuando Dios envió un ángel a verla. "¡Escucha!", dijo el ángel. "No bebas vino ni comas alimentos impuros. Muy pronto tendrás un hijo. Será un nazareo, una persona consagrada al servicio de Dios. Jamás le cortes el cabello".

La mujer apenas podía creer lo que había escuchado. Corrió en busca de su marido, cuyo nombre era Manoa. "Un forastero se ha dirigido a mí", le dijo. "Su rostro era adusto, como el de un ángel. ¡Me ha dicho que pronto tendremos un hijo!".

"Envíanos el ángel para que nos indique cómo criar a este niño", imploró Manoa. Y así lo hizo Dios. Cuando el ángel terminó de hablarles, Manoa escogió una cabra y la ofreció como sacrificio en un altar de piedra.

Del altar brotaron llamas de fuego que alcanzaron gran altura. De repente, el ángel se precipitó a las llamaradas y desapareció. ¡No se trataba de un ángel corriente! Manoa y su esposa, aterrados, se postraron en el suelo. "¡Vamos a morir, porque hemos visto a Dios!", gimieron.

Más tarde ese mismo año, la esposa de Manoa dio a luz a un niño. Lo llamaron Sansón, tal y como el ángel les había indicado. Día tras día, Sansón se iba haciendo más grande y más fuerte. Dado que su madre había recibido la orden de no cortarle el cabello, éste creció largo y espeso.

Aunque Sansón había sido puesto al servicio de Dios, no siempre Le obedecía. Un día, siendo ya adulto, conoció a una hermosa joven filistea de la ciudad de Timnat. Sansón dijo a su padre: "Quiero casarme con esa joven. ¡Consíguemela!".

Los padres de Sansón se sorprendieron enormemente. Dios había prohibido a los hebreos unirse en matrimonio con aquellas gentes o adoptar sus costumbres. "¿Por qué no te casas con una chica hebrea?", le preguntaron. "¿Por qué desposar a una filistea? Ellos tienen sus tradiciones y sus dioses". Pero Sansón no los escuchó. "Esa muchacha me gusta, conseguídmela", les pidió. Los padres de Sansón no imaginaban que Dios quería que esto sucediera para provocar un conflicto con los filisteos.

Sansón y sus padres partieron rumbo a Timnat para conocer a la joven filistea y planificar la boda. En aquella época, una fiesta nupcial duraba siete días, así que había muchas cosas que organizar. Cerca de Timnat, llegaron a un viñedo rebosante de uvas. Debido a su voto de nazareo, Sansón no podía comer ni beber alimentos elaborados con el fruto de la vid, como vino o uvas pasas. Así que tomó un camino distinto al de sus padres.

De pronto, un joven león surgió de entre las parras. *"GRRRRRRRRRRRRR"*, rugió, y se lanzó sobre Sansón, al que hirió con sus afilados colmillos y garras. Pero el Espíritu de Dios entró en Sansón, cuyo miedo desapareció al instante. Con sus manos desnudas, apresó al león y lo despedazó como si fuese un tierno cabritillo. Sin embargo, Sansón no contó a sus padres lo sucedido, manteniéndolo en secreto.

Unos días más tarde, Sansón transitó de nuevo por aquel lugar para casarse con su novia. Cuando pasó junto al león muerto, vio que su cuerpo albergaba una colmena de abejas y que de esta rezumaba dulce miel. Sansón sacó a cucharadas la miel del león y se la comió toda. Nuevamente, no contó a nadie lo que había hecho.

## ¿Sabías que?

Los leones eran animales impuros. Los nazareos no debían tocar cuerpos muertos o impuros, bajo ninguna circunstancia.

Esa misma semana comenzaron en Timnat las celebraciones con motivo de la boda. El suegro de Sansón invitó a treinta hombres jóvenes. Llevados en volandas por el son de los tambores, los huéspedes bailaron y comieron hasta saciarse. Para entretenerles, Sansón les propuso un acertijo: *"Va yomer lahem me ha ochel yatsa maachal, u me az yatsa matok"*, que significaba: "Del que come salió alimento y del fuerte salió dulzura".

"Si sois capaces de resolver el acertijo", dijo Sansón, "os daré treinta túnicas de la mejor tela. Si no adivináis la solución, vosotros deberéis entregarme treinta túnicas".

Durante tres días, los jóvenes trataron de resolver el acertijo. Pero por más que se esforzaron, no lo consiguieron. Enfurecidos, se dirigieron con amenazas a la prometida de Sansón: "Este israelita nos hace quedar como estúpidos. Averigua la respuesta para nosotros o quemaremos la casa de tu padre contigo dentro".

Angustiada, la muchacha se arrojó a los pies de Sansón. "Debes darme la respuesta al acertijo", gimió. ¡La respuesta de Sansón fue un no! Pero un par de días después, se cansó de escucharla llorar y le reveló la solución. Ella fue corriendo a decírsela a los invitados.

Los invitados se regocijaron durante toda la noche con su buena suerte. Finalmente, se presentaron ante Sansón y le dijeron: "¿Hay algo más dulce que la miel? ¿Hay algo más fuerte que un león?". Los ojos de Sansón centellearon con furia, pues de inmediato supo que había sido engañado. "Si no hubieseis labrado con mi res, no conoceríais la respuesta", bramó.

El Espíritu de Dios inundó de nuevo a Sansón. Mostrando sus abultados músculos, se dirigió a una población cercana, mató a treinta filisteos y entregó sus túnicas a los invitados a la boda. Seguidamente caminó de vuelta a su hogar sin su prometida. La batalla de Sansón con los filisteos había dado comienzo.

¿Sabías que?

En esa época (y por cientos de años después), una de las actividades favoritas en las fiestas era resolver acertijos.

Cuando se acercaba la festividad de Shavuot, estando el trigo listo para ser cosechado, Sansón regresó a Timnat en busca de su novia, pero esta se había casado con otro hombre. "Te marchaste sin más, por lo que entregué a mi hija a otro pretendiente", le explicó el padre de la chica. "No obstante, puedes desposar a su hermana pequeña, que es todavía más hermosa".

Sansón experimentó un ataque de cólera. ¡Cómo osaba su prometida casarse con otro! Decidió enseñarles una lección a los filisteos. Atrapó 300 zorros, los ató por parejas y colocó antorchas encendidas en sus colas. Los zorros corrieron despavoridos por los trigales, incendiándolos a su paso. Toda la cosecha quedó reducida a cenizas.

Cuando los agricultores vieron sus campos asolados, se enfurecieron. "Sansón ha destruido nuestros cultivos", gritaron, "y ha sido por culpa de su suegro". Exaltados, fueron en busca de la novia de Sansón y del padre de esta, y los quemaron vivos. Esto enojó todavía más a Sansón. Para vengarse, atacó a los filisteos y mató a muchos hombres. Después huyó a la ciudad israelita de Lechi, donde se ocultó en una cueva.

Determinados a capturar a Sansón, los filisteos enviaron soldados a Lechi. "Ayudadnos a capturar a este salvaje y os dejaremos tranquilos", dijeron a los israelitas. Estos aceptaron rápidamente. Estaban cansados de los problemas causados por Sansón.

Los israelitas sabían que Sansón era grande y fuerte, así que se presentaron con 3000 hombres ante la cueva donde se escondía. Una vez allí, le dijeron: "¿Por qué nos haces esto? Los filisteos nos gobiernan. Debemos entregarte antes de que nos traigas más complicaciones". Lo ataron con sogas nuevas y lo condujeron a Lechi.

En cuanto los filisteos vieron a Sansón, gritaron de alegría y corrieron hacia él empuñando sus espadas y sus lanzas. ¡Pero Sansón estaba listo para luchar! Liberó sus brazos desgarrando las ceñidas ataduras, se hizo con una mandíbula de asna que había tirada junto al camino y utilizó el hueso para matar a mil soldados. Los filisteos no pudieron hacer frente al arrollador Sansón.

Después de ese enfrentamiento, Sansón fue nombrado juez de los israelitas, y tuvo ese cargo por 20 años. Los jueces eran jefes militares que tomaban decisiones trascendentales y ayudaban a gobernar al pueblo de Israel. Era un cometido importante, pero Sansón no podía pasar demasiado tiempo sin meterse en problemas.

Un día, acudió a la ciudad de Gaza para encontrarse con una mujer filistea. La noticia de su llegada se difundió con rapidez. "Acabemos con la vida de Sansón cuando se marche por la mañana", conspiraron los lugareños. Así, rodearon la casa donde se alojaba el israelita y le tendieron una emboscada junto a las puertas de la ciudad.

Sansón intuyó que algo iba mal. Saltó de la cama y cruzó las calles en dirección a las puertas. Usando su descomunal fuerza, arrancó las puertas, se las echó a los hombros y subió a una colina que dominaba Gaza. Sansón se alzó, iluminado por la luna llena, y contempló la ciudad. "Los filisteos jamás podrán derrotarme", se jactó, soltando una carcajada.

Tiempo después, Sansón se enamoró de una hermosa mujer filistea de nombre Dalila. Cuando los líderes filisteos se enteraron, se frotaron las manos, satisfechos. Sabían que Dalila era una mujer desalmada. "Es nuestra oportunidad para capturar a Sansón", se dijeron.

Los jefes saltaron a sus carrozas y se apresuraron hasta la casa de Dalila. "La próxima vez que Sansón te visite, embáucale para que te revele el secreto de su fuerza", le dijeron. "Si lo haces, te cubriremos de riquezas". Cada rey filisteo le ofreció a la mujer 1,100 piezas de plata.

Los ojos de Dalila brillaron con codicia. Le agradaba la perspectiva de enriquecerse, por lo que aceptó ayudar a sus gobernantes. Estos también estaban radiantes. Si bien Sansón era más fuerte que todos ellos, sabían que el amor que sentía por aquella mujer lo debilitaría. Se ocultaron en la morada de Dalila y aguardaron la llegada de su gran enemigo.

**¿Sabías que?**

Sansón era de la tribu de Dan, una de las doce tribus de Israel. Esta tribu incluía a los descendientes de Dan, hijo de Jacob y Bilhah (la criada de Raquel).

Los jefes filisteos no tuvieron que esperar mucho. Esa misma noche, Sansón se presentó en casa de Dalila para verla. Ella se acurrucó junto a él, sonriéndole. "Sansón, ¿qué es lo que te hace tan fuerte?", le preguntó entre susurros. "Si alguien quisiera apresarte, ¿tendría manera de hacerlo?".

Sansón era demasiado astuto para dejarse engatusar por Dalila. Sabía que si se cortaba sus cabellos, Dios lo despojaría de su fuerza. De manera que le mintió: "Si me atas con siete cuerdas de arco sin secar, me debilitaré".

Cuando los líderes filisteos escucharon las palabras de Sansón, ordenaron que les llevaran siete cuerdas de arco sin secar a casa de Dalila. Esta ató con ellas a Sansón mientras el forzudo dormía. "¡Apresúrate, Sansón!", exclamó Dalila entonces. "¡Los filisteos llegan para capturarte!". Pero los filisteos no intimidaban a Sansón, quien rápidamente se puso en pie, reventando las ataduras como si fuesen ramitas. "¡Este no es el secreto de su fuerza!", murmuraron los filisteos, molestos.

"Te burlas de mí y no me dices la verdad", protestó Dalila. "Dime cómo puedo inmovilizarte". Mas Sansón volvió a engañarla: "Si me rodeas con sogas nuevas, que nunca hayan sido usadas, perderé mi fuerza".

Cuando Sansón concilió el sueño, Dalila lo amarró con las sogas. "¡Sansón, los filisteos han venido a por ti!", dijo. Pero antes de que los filisteos irrumpieran en el dormitorio, Sansón se incorporó de un salto, liberándose de sus ataduras sin mayor dificultad.

Dalila no se rindió. "No vuelvas a mentirme", le advirtió pataleando. "Si de verdad me amas, me contarás cómo se te puede atar". Sansón frunció el ceño y la observó suspicaz. Finalmente dijo: "Si trenzas siete mechones de mi cabello en un telar, me debilitaré".

Esa noche, Dalila arrulló a Sansón hasta que éste se durmió. Luego tomó siete mechones y los hilvanó en su telar. "¡Cuidado, Sansón, llegan los filisteos!", anunció a continuación. Sansón despertó, liberó sus cabellos del telar y salió de la casa. Los filisteos se desesperaban, carcomidos por la furia. "Ese no es el secreto de la fortaleza de Sansón", clamaron, con los puños en alto.

Dalila estaba cada vez más determinada a resolver el misterio. Un día tras otro, interrogaba a Sansón sobre el secreto de su fuerza. Éste empezó a cansarse ante su insistencia. Finalmente, le contó la verdad: "Soy un nazareo, por lo que nunca me corto el cabello. Si lo hiciera, me volvería tan débil como cualquier otro hombre".

En ese momento, Dalila supo que Sansón le decía la verdad. Envió un mensaje a los líderes filisteos: "Volved una vez más. Sansón me ha revelado el secreto de su fuerza".

La noticia entusiasmó a los jefes filisteos. Montaron en sus carrozas y se dirigieron a casa de Dalila con grandes bolsas de dinero. "¡Es nuestra gran oportunidad para capturar a Sansón de una vez por todas!", gritaron.

### ¿Sabías que?

Samuel era un nazareo. Esto significa que él fue consagrado para el servicio de Dios. Muchos estudiosos de la Biblia creen que esta es la razón por la que Samuel nunca se cortó el pelo.

Esa misma noche, una vez Sansón hubo cerrado los ojos, Dalila pidió a un criado que le afeitara la cabeza. Entonces comenzó a atormentar a Sansón. "Los filisteos han venido a por ti", susurró en su oído.

Sansón despertó y trató de ponerse en pie de un salto. Pero esta vez no pudo liberarse. ¡Su poderío le había abandonado! Los filisteos irrumpieron en el dormitorio, le sacaron los ojos y se lo llevaron encadenado.

Sansón se convirtió en el prisionero más famoso de aquellas tierras. Todos los días los filisteos lo obligaban a trabajar moliendo grano en la prisión. Y cada noche lo encerraban en una fría celda para que no escapara. Pero, muy lentamente, el cabello de Sansón fue creciendo de nuevo.

¿Sabías que?

Durante esta época, no había herreros en Israel. Los israelitas llevaban sus herramientas de hierro a los filisteos para ser afiladas. Los filisteos cobraban un precio muy alto por este servicio.
(1 Samuel 13:20)

Un día, los filisteos se congregaron en el templo para ofrecer un sacrificio a Dagón, su dios-pez, como celebración de su buena suerte. "Nuestro dios ha puesto a Sansón en nuestras manos", se alborozaron. "Traedlo para que podamos burlarnos de este israelita".

Colocaron a Sansón frente a todos los ocupantes del templo. Colmado de fe, rezó por última vez: "Dios, dame fuerza para vengarme de los filisteos". De inmediato, el Espíritu de Dios retornó a Sansón y le devolvió su gran fuerza. Inspirando profundamente, estiró ambos brazos y colocó sus manos en los pilares que sostenían el templo. "¡Permíteme morir con los filisteos!", suplicó. Y empujó los pilares con todo su vigor hasta derribarlos.

***¡BOOOM!*** El techo del templo se hundió estruendosamente, generando una densa nube de polvo. Todo en derredor se desplomó y se hizo pedazos. Todos quienes se encontraban en el templo, incluidos los líderes filisteos y Sansón, murieron ese día. Dios había cumplido Su promesa. Había utilizado a Su poderoso guerrero Sansón para liberar a los israelitas de los filisteos.

## FIN

# ¡Prueba tu conocimiento!
*(Empareja la pregunta con la respuesta correcta en la parte de abajo de la página)*

## PREGUNTAS

¿Quién le dijo al padre de Sansón que tendría un hijo? .................................

¿Qué instrucciones importantes le dio el ángel a la madre de Sansón? .................................

Qué animal mató Sansón con sus propias manos? .................................

¿Cómo los invitados de la boda conocieron la respuesta al acertijo de Sansón? .................................

¿Cuántos zorros capturó Sansón? .................................

¿A cuántos filisteos mató Sansón con la mandíbula de una asna? .................................

¿Por cuántos años Sansón fue juez de los israelitas? .................................

¿Cuánta plata le ofreció cada rey filisteo a Dalila para que traicionara a Sansón? .................................

¿Qué le pasó a Sansón cuando le afeitaron su cabello? .................................

¿Qué edificio filisteo fue destruido por Sansón? .................................

### RESPUESTAS

1. Un ángel de Dios
2. No beber vino ni comer nada impuro, y no cortar el cabello de Sansón
3. Un león
4. La novia de Sansón les dijo
5. 300 zorros
6. 1000
7. Veinte años
8. 1,100 piezas de plata
9. Se debilitó
10. El templo de Dagón

# Completa la sopa de letras

SANSÓN
DALILA
CUERDAS
PILARES
TEMPLO

MIEL
ASNA
FILISTEO
NAZAREO
CABELLO

```
S U M H V T H T W C
B A B I Q F T E G U
F N N G E G C M D E
N I B S L L B P A R
H S U M Ó V L L L D
G M A A S N A O I A
C A B E L L O W L S
N A Z A R E O S A V
R F I L I S T E O D
Z N P I L A R E S J
```

# Bible Pathway Adventures®

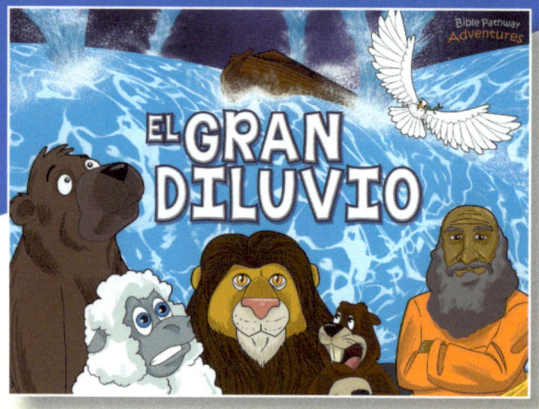
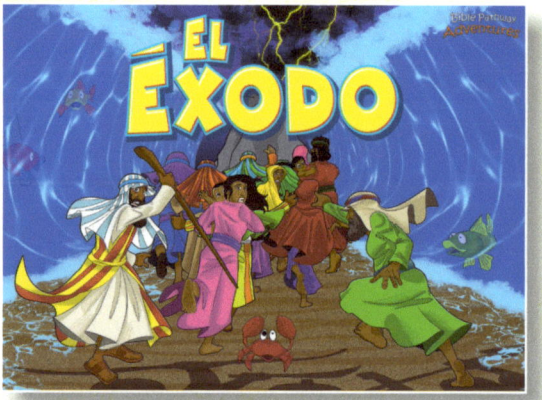

La huida de Egipto

El Gran Diluvio

El Nacimiento del Rey

Traición al Rey

El Rey Resucitó

¡Naufragio!

Vendido como Esclavo

Arrojado a los Leones

Salvado por una Asna

La Novia Elegida

El Éxodo

Camino a Damasco

Salomón

¡Descubre más historias de la Biblia de Bible Pathway Adventures!

# Consulte los libros de actividades de Bible Pathway Adventures

**IR A**

## www.biblepathwayadventures.com

www.ingramcontent.com/pod-product-compliance
Lightning Source LLC
Chambersburg PA
CBHW040320100526

44583CB00004BB/163